French Words I Use...

Au parc

le toboggan

les arbres

l'herbe

les balançoires

Danièle Bourdais & Sue Finnie

FRANKLIN WATTS
LONDON•SYDNEY

First published in 2006

by Franklin Watts

Copyright © 2006

Franklin Watts

338 Euston Road

London NW1 3BH

Franklin Watts Australia
Level 17/207 Kent Street
Sydney, NSW 2000

© Franklin Watts 2006

Editor: Jeremy Smith
Series design: Mo Choy
Art director: Jonathan Hair
Photography: Chris Fairclough

CIP data

A CIP catalogue record for this book is
available from the British Library

Dewey no 448.3' 421

ISBN: 9 7807 4966 8006

Printed in China

Franklin Watts is a division of Hachette Children's Books.

Table des matières

About this book

This book introduces children learning French to some key words for talking about the world around them. Simple texts allow the reader to progress beyond single words and to learn some useful phrases. Regular questions encourage children to talk about themselves and give their own opinions. A quiz is provided on page 22-23 to check how well you have remembered some of the new words, with answers at the bottom of the page. A translation of all the text appears on page 24.

Au parc

Il fait beau. **Le ciel** est bleu. On va **au parc**? On se promène dans **les allées**. On s'asseoit sur **l'herbe** près de l'**étang** ou sous **les arbres**. C'est super!

l'étang

l'allée

la clôture

À vélo

"Moi, c'est Julie. Je vais au parc. **Les allées** du parc, c'est super pour faire **du vélo. Mon vélo** est rose. **Mon casque** aussi. J'adore le rose!"

Tu sais faire du vélo?
Oui ☑   Non ☒

les arbres

l'allée

le guidon

le casque

le pneu

la pédale

la roue

le vélo

le toboggan

les balançoires

l'herbe

le tapis en caoutchouc

le siège

le mur

les enfants

Sur les balançoires

Au parc, il y a un terrain de jeux super pour les enfants. Julia dit: "J'aime bien **le toboggan** mais je préfère **les balançoires**.
Je vais très haut!"

?

Qu'est-ce que tu préfères au parc: le toboggan? les balançoires?

le seau

la pelle

le bac à sable

le sable

Dans le bac à sable

"Je m'amuse bien dans **le bac à sable**. Je prends **du sable** avec **la pelle**, je mets **le sable** dans le **seau**. Je retourne **le seau** et hop! Un beau château de sable!"

Tu aimes faire des châteaux de sable?
Oui ☑ Non ☒

Au bord de l'étang

Ici, on donne à manger aux oiseaux. Il y a **des oies**, **des foulques, des canards**. Ils adorent tous **le pain! Les pigeons** aussi aiment **le pain**, mais ils n'aiment pas **l'eau!**

le tronc d'arbre

le pigeon

?

Il y a combien d'oiseaux? Compte! Un, deux, trois....

le pain

les oies

la foulque

les canards

l'eau

le saule pleureur

le chêne

l'étang

le banc

On se promène

"Je suis au parc avec Maman et mon petit frère. Maman veut se promener. Moi, je suis fatiguée! Je veux m'asseoir sur **le banc** a côté de **l'étang** et regarder les canards!"

Un pique-nique

Il fait beau. Anya pique-nique dans le parc. Elle a **des sandwichs**, des chips, des fruits et de l'eau dans un **Thermos**. Elle mange sur **une table de pique-nique.** Bon appétit, Anya!

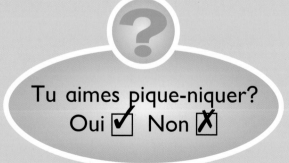

Tu aimes pique-niquer?
Oui ☑ Non ☒

le sac

le Thermos

la table de pique-nique

les buissons

la laisse

les chiens

la queue

le bâton

La promenade des chiens

Les chiens aussi aiment aller au parc. Ils ne sont pas tenus en **laisse** et ils jouent avec **des bâtons**. Ils sont contents et ils remuent **la queue**!

?

Tu as un chien?
Oui ☑ Non ☒

La gardienne de parc

"Je m'appelle Claire. Je suis **gardienne de parc**. Je travaille avec Paul. Je nettoie **les parterres**. Je plante **des fleurs**. Je coupe **l'herbe** aussi. Tu aimes mon parc?"

Et toi, tu voudrais être gardien(ne) de parc?
Oui ☑ Non ☒

le parterre

les fleurs

l'herbe

la gardienne de parc

la fourche

la brouette

la terre

C'est quoi?

1. a) le banc b) la branche

2. a) la balançoire b) le bac à sable

3. a) le canard b) le chien

4. a) le verre en carton b) le Thermos

5. a) le guidon b) la pédale

6. a) le seau b) la pelle

11. a
12. a

9. a
10. b

7. b
8. a

7. a) le sac b) la serviette

8. a) les gens b) les oiseaux

9. a) les oiseaux b) les enfants

10. a) les fleurs b) la terre

11. a) la roue b) le casque

12. a) les feuilles b) l'herbe

Translation

THE PARK

Pages 4-5 In the park
The weather's nice. The sky is blue. Shall we go to the park? People are walking along the paths. People are sitting on the grass near the pond or under the trees. It's great!
Q: Do you like going to the park? Yes/No

l'allée	path
les arbres	trees
le ciel	sky
la clôture	fence
l'étang	pond
les gens	people
l'herbe	grass

Pages 6-7 Riding a bike
"I'm Julia. I go to the park. The paths in the park are great to ride a bike! My bike is pink. So is my helmet. I love pink!"
Q: Can you ride a bike? Yes/No

l'allée	path
les arbres	trees
le casque	helmet
le guidon	handlebars
la pédale	pedal
le pneu	tyre
la roue	wheel
le vélo	bike

Pages 8-9 On the swings
In the park, there is a great playground for children. Julia says: "I like the slide but I prefer the swings. I go very high!"
Q: What do you prefer in the park? The slide? The swings?

les balançoires	swings
les enfants	children
l'herbe	grass
le mur	wall
le siège	seat
le toboggan	slide
le tapis en caoutchouc	rubber matting

Pages 10-11 In the sandpit
"I have fun in the sandpit. I scoop up some sand with the spade, I put the sand in the bucket. I turn the bucket upside down and there it is, a nice sandcastle!"
Q: Do you like making sandcastles? Yes/No

le bac à sable	sandpit
la clôture	fence
la pelle	spade
le sable	sand
le seau	bucket

Pages 12-13 By the pond
Here we feed the birds. There are geese, coots and ducks. They all love bread! Pigeons love bread too, but they don't like water!
Q: How many birds are there? Count them! One, two, three, …

les canards	ducks
l'eau	water
la foulque	coot
les oies	geese
le pain	bread
le pigeon	pigeon
le tronc d'arbre	log

Pages 14-15 We go for a walk
"I'm in the park with Mum and my little brother. Mum wants to go for a walk. I'm tired! I want to sit on the bench by the pond and watch the ducks!
Q: Do you prefer walking or watching the ducks?

le banc	bench
les branches	branches
les feuilles	leaves
le chêne	oak tree
l'herbe	grass
le saule pleureur	willow tree
le tronc	tree trunk

Pages 16-17 A picnic
The weather's nice. Anya is having a picnic in the park. She is having sandwiches, crisps, fruit and water in a flask. She's eating at a picnic table. Enjoy your food, Anya!
Q: Do you like having picnics? Yes/No

l'assiette en carton	paper plate
le sac	bag
le sandwich	sandwiches
la serviette en papier	napkin
la table de pique-nique	picnic table
le Thermos	flask
le verre en carton	paper cup

Pages 18-19 Walking the dogs
Dogs love going to the park too. They're off the lead and they are playing with sticks. They're happy and they wag their tails!
Q: Do you have a dog? Yes/No

le bâton	stick
les buissons	bushes
les chiens	dogs
la laisse	dog lead
la queue	tail

Pages 20-21 The park keeper
My name's Claire. I'm the park keeper. I work with Paul. I weed the flowerbeds. I plant flowers. I cut the grass. Do you like my park?
Q: Would you like to be a park keeper? Yes/No

la brouette	wheelbarrow
les fleurs	flowers
la fourche	garden fork
le gardien/la gardienne de parc	park keeper
le parterre	flowerbed
la terre	soil